JN419230

꾸리는 가방은
언제나 차고 넘쳐요

이 만 형 시집

파란하늘

공감시선 21

꾸리는 가방은 언제나 차고 넘쳐요
ⓒ 이만형, 2025

지은이_ 이만형

발 행 인_ 이도훈
펴 낸 곳_ 파란하늘
초판발행_ 2025년 9월 5일

사무실_ 서울시 서초구 법원로3길 19, 2층 W109호
        (서초동, 양지원빌딩)
전 화_ 02) 595-4621
팩 스_ 0504-227-4621
이메일_ flyhun9@naver.com
홈페이지_ www.dohun.kr

ISBN_ 979-11-94737-38-4 03810
정가_ 14,000원

시인의 말

공간과 장소
사람과 마음

흘러가고 머무는
여기
사라지는 숨결에도
온전하기를

차례

1부

서리

서리

오늘은 서리가 내린다는 상강이다.
새벽녘 잎새에 내린 뽀얀 서리를
언제 보았는지
가물가물한 오늘

마을 가을 동산은
노랗고 빨갛게 물들고
숲속 길섶에
하얀 들국화 핀 날
새벽녘 산길을 가다 보면
풀잎과 잎새에 내려 있는
뽀얀 서리

오늘은 추억 속의 숲길을 간다
서리가 내린
옛 시절이 그리워
서리와 더불어 가버린
정든 이 그리움

4월의 어느 하루

봄 길은 온화하지도
아름답지도 않고
변덕스러운 얼굴은 천개이며
봄 하늘은
밝은 섬광과 시커먼 구름 덩이가
일진일퇴하는 처절한 전장이다

봄의 하늘과 대지는
예기치 못한 찬바람 휘몰아치고
우박이 쏟아지는 차가운 계절
작은 초의 심지에 불을 댕기는
간구보다도 냉정한 변덕에
무릎 꿇은 계절

마음에 담은 이웃을 위한 기도보다
잠시 동안의 따스한 빛과 고요를 간절히 빈다

초심지에 불을 댕길 순간을 빈다

5월의 여인

5월의 가로수
여인의 아리따운 얼굴빛
대낮을 하얗게 밝히자
이웃한 숲도 하얀 미소로
바람결에 춤추네

5월은
이팝나무 꽃잎 틔우며
달콤한 향내로 여심을 채우더니
남풍 따라 춤추며
하얀 미소를 5월의 창공에 흩뿌리네

5월의 여인이여
지금 어디로 가고 있나요
그대가 서 있는 이곳이
바로 그대의 본향인 봄 나라인데
그대는 어디로 향하고 있나요.
고향을 버려두고

박제剝製

바람이 부는 날 황색 전구가
한낮을 밝혀주는 카페

투명한 유리창에
머리를 부딪는 참새처럼
바닷바람은
박제가 된다

네모꼴 유리창엔
하늘을 자수 놓는 솔잎이
춤추는 솔잎 곁에 떠 있는 흰 구름이
해변에 하얗게 부서지는 파도가
하늘과 땅을 자유롭게 왕래하는
광선마저도 망설임 없이
네모꼴 품에
박제가 된다

봄 소나기

일기예보가
제대로 기능을 작동하는 오늘 오후
세차게 내리는 빗줄기로
온 세상은 뿌연 안개에 파묻혀 가고

세차게 내리는 빗줄기는
도심의 가로수와
지붕과 아스팔트와
달리는 차를 씻어주고
한여름 소나기보다 굵은 빗줄기로

빗속을 걸어가는
사람의 마음에도 비는 내리네
이 세상 온갖 오물이 배수구로 떠내려가듯이
악취 나는 사람의 마음에도
봄 소나기는 쏟아지고 있어요

참으로 오랜만에

하루 종일 굵은 빗줄기가 쏟아지고
사람의 마음을 굽이친 후
강으로 바다로 흐르고 있네요

오염의 시대

5월의 대낮을 환히 밝히는
빛의 물결 따라
예쁜 꽃송이
하늘하늘 춤추네

가물가물
어느 해부터인가
흙탕물 대신
물고기 노니는 맑은 물
꽃길로 변화한 중랑천

모처럼 중랑천 둔치를 달리고 있는
노랑 빨강 분홍 장미꽃 길 따라
꽃송이에 매달린
바람꽃은 하늘하늘

5월의 나그네
기억의 더듬이로

바람꽃 향기를 찾아서
차창을 내리니
멀리서 들려오는
확성기에 실려 오는 목소리
이 땅을 오염시키는
거짓의 소리
이 아름다운 계절을 더럽히는

봄이면

그윽한 향기로
봄날을 황홀케 했던
라일락꽃은
이제 자취를 감추고
남서풍이 불어오면
강변길은 연분홍 벚꽃길이 된다

바람결 타고
작은 잎새 하나
나그네의 손등에
하늘하늘 내려앉았다가
잠시 후 바람결 따라
강변길로 살포시 내려앉는다

벚꽃잎으로 물든 강변길
양지바른 숲가에는
노란 민들레 세 송이
환한 봄날을 밝히고

날렵한 제비 한 마리
푸른 창공을 가른다.

우러러

눈부시게 맑은 날
하늘을 우러러
파란빛을 길러낸다

한없이 길러내도
파란빛은 변함이 없고
내 마음의 시냇물로 흐르다가
강물이 되고
깊고 드넓은 바다가 되었다가
이윽고 이름 모를 해변에
잔물결로 밀려와
모래성 쌓는 하동의
손 쪽박에 담긴다

눈부시도록
5월의 맑은 날
하늘을 우러러
길러 낸 파란빛

시냇물로 흐르다 강물이 되고
드넓은 바닷물로 포효하며
하얗게 부서지다가
마침내
해변의 잔물결로
긴 여정을 접는다

하얀 구름 한 점 없는
눈부신 날에

초록빛 미소

오랜만에 집으로 돌아와 보니
파초는 너무나 고독했다고
하소연하였다

하필이면 폭염이 여름 내내
땅을 달구었던 수개월 동안
파초는
닫힌 방에서
한 줌 바람도
한 뼘 햇살도 없이
홀로 외로웠다

가을을 재촉하는
비는 장마처럼
밤새 내리더니
아침이 되어도
그칠 기미가 없고
여름내 지친 파초를

빨간 맨드라미 핀
화단 곁에 나란히 옮겨 놓았다

시름시름
시들어 가던 화초는
정말 오랜만에
비릿한 빗속에서
맑은 대기와
흙내음 숨 쉬며
초록빛 반짝이는
새 옷을 입고
초록빛 미소를 짓는다

화진포 단상

바다는 한없이
파도를 해변으로
해변으로 쏟아 내고
하늘의 태양빛은
포효하는 넓은 바다와
인적 끊긴 모래 위를
해풍과 함께
수천만 년 발자취
묻혀 있는 모래밭에 스며들어
모래 빛과 바다색에
빛의 명암을 새긴다
파도 소리와 해풍 소리
빛 소리와 발자국 소리가
인적 끊긴 해변을 지나가고 있다

어쩌면

저렇게도 고울까
봄바람에 흩날리는 버드나무 잎새들
꿈길에서나 기대할 수 있는
초록빛 잎새들
인생길에서
기적의 순간을 기적처럼 만난
신비스런 초록빛
그 건 바로 섭리의 빛일 거야

그 어떤 화가의 그림이나
시인의 시일지라도
그 모습을 표현하지 못한
미지의 색상이야

그건 바로
메마른 땅속을 적셔주는 물빛과
어둠을 밝히는 햇볕이 품고 있는
희망의 초록빛이야

길을 간다

흙길 따라 길을 간다.

햇살이 눈부신 하늘을 보며
초록빛 산야를 지나서
강물이 흐르는
강변길을 가고 있다

기다 가다 지치면
풀 섶에 앉기도 하고
강변 벤치에 앉아
흐르는 강물에 눈길을 준다

볼을 스치는 춘풍 따라
가던 길을 다시 간다

흙내음 맡으며
흙길을 밟으며
봄 길을 간다

그 흙길에서
잊고 있던 여인의 모습을 만난다

일생을 흙과 동고동락했던 여인의
흙빛 주름이 새겨진 흙길을 간다

유난히도 눈망울이 큰 여인의 인생길은
흙길이었다

나뭇잎과 꽃잎이 새겨진 흙길을 가고 있다
억겁의 세월과 주름진 추억이
머물다 간
흙길을 가고 있다

시공과 흙길을 밝히는 눈부신 햇살
그 빛을 밟으며
세월이 가고 있다.

흑사의 해변으로 가는 길

발리의 리츠칼튼호텔에서
흑사의 해변으로 가는 길은
택시로 약 2시간 30분이 소요되는 거리

소로小路 양편 플리flea 마켓처럼
각종 생필품, 식당, 편의점, 카페, 꽃가게,
한국의 재래식 이발소 등
거의 만물상점이 끝없이 이어지고
발리의 풍물관광은 이곳에서 시작된다

대로를 약 30분
1차선 폭의 2차선
소로를 두 시간가량 달려가면
사설경비원은
호텔게이트의 차단기를 올려주고

호텔 야드에 도착하면
전동차로 호텔식당에

연접한 해변으로 안내하고
흑사黑砂 해변에서
맨발의 두 남자가
바다낚시를 즐기고 있다

발리의 남쪽 해변은
황사로 발등까지 빠지는
약한 사반砂盤이지만
이곳 북쪽 해변의 사반은 단단하나
촉감은 너무나 부드럽다
아쉬운 것은 수영이 금지된 해변이다.

맨발로 걷는 흑사 표면은
바닷게의 족적 따라
직경 2cm의 작은 구멍이
군데군데 뚫려 있고
흑사는 넓고 길게 펼쳐있다.

배롱나무

짙은 그리움으로
기억의 공간에만 떠있는
정든 외갓집
도시계획의 손길은 너무나도 잔인하였다

연보라빛 수국꽃에는
외할머니의 은은한 향기가 감돌았고
외할아버지가 주셨던
단감나무와 무화과 열매는 감미로웠다

외손자들의 술래잡기 지름길
정원을 가로지르는 연못엔
돌다리도 놓여 있고
연못 둘레엔 연분홍 철쭉이 피고지고

지금도 알 수 없지만
어찌하여 여름 내내
백일동안 분홍꽃 피우던 배롱나무가

어린 나의 시선에 손짓하였는지

아름다웠던 배롱나무
화사한 꽃피우던 배롱나무가
왜 쓸쓸하게 보였을까

오래전 긴긴 여름
분홍빛으로 정원을 물들였던
배롱나무
이제 자취도 없지만
외갓집 터전으로 짐작되는
4차선 도로
높은 창공 위에는
눈이 시리도록
파란 하늘이 열려있다

물수제비 전설

철 늦게
능수버들 가지마다
봉긋봉긋 돋아난
연초록색 봉오리
지지배배 지지배배
종다리 노랫소리
봄 하늘 아득히 울려 퍼지고

그 곁으로
북한강 깊은 물
물질하는 물새 한 마리
홀연히 날갯짓하며
동일한 간격으로
두 다리 물결치며
강기슭을 향하여
통통통

물수제비 돌멩이처럼

물을 통통 튀기며 순식간에 날아가
강변 기슭에 닿는다

통통통 통통통
이 행성에서
누가 언제
저 물새의 물놀이를
최초로 보았을까

통통통
어떤 고마운 분이
인류에게 귀한 선물
물수제비 주셨을까

새벽의 선물

불면증의 고통이 뭔지 모르는 나는
수면을 아끼려 꼭두새벽에 눈을 떴다

여름 내내 잠거 둔 작은방에는
긴긴 폭염으로 지친 화초들이
누렇게 시들어 가고 있었다

고가구의 멋을 살린
키가 낮은 서랍장 위
다섯 개의 시들어 가던
연녹색 화초들은
한 병의 생수로 초록빛을 띠며
생기를 되찾고 있고

초록빛 생명으로 다시 일어선
이 새벽의 잎새에게
고마움의 인사를 한다

가을아 소리쳐다오

가을아 소리쳐다오
만약 누군가
삶의 길이 너무 험하여
가을 하늘빛
올려다볼 여유조차
없는 이에게

가을아 힘껏 소리쳐다오
만약 누구이련가
삶이 너무나 팍팍하여
노랗고 빨갛게 물든
가을 숲 볼 수 없다면

가을아
너의 아름다움으로
소리쳐다오
가을빛이
당신을 기다리고 있음을

두 가을의 동행자

언제나
나와 함께였지요
특별히 가을에는

오늘처럼 노란 은행잎이
가을바람에 흩날리는 저녁나절
남녘의 고속버스
시선이 시선을 좇고 있는
아늑한 여정

가을걷이 끝난 경주의 들녘은
황량하기만 한데
저 멀리
저녁 하늘가로 솟아오르는
초가집 굴뚝의
하늘빛 파란 연기

수년 후

또 다른 노란 가을이
끝없이 물든 뉴저지주 고속도로
노란 숲을 끝없이 달리고 있을 때도
역시 당신은
유일한 동행자였지요

가을이 노랗게 물든
뉴저지주 고속도로를

파란 손짓

푸른 하늘길을
향하여 달린다

지금 서녘 하늘 끝자락은
수줍은 처녀의 볼처럼
분홍빛으로 물들어 있다

시월의 파란 하늘은
쪽빛 바다와 맞닿아 있다

저 끝없이 열려있는
파란 하늘길은
무욕의 길인가
소망의 길인가
파란 하늘빛은
파란 손짓을 한다

파란 하늘빛이여

파란 하늘이 너무 곱다
파란 색깔을 지우고 나면
어떤 하늘빛이 나타날까
내 눈과
내 가슴에서
하늘빛을 지울 수 없다
나의 눈은
하늘빛을 닮고 싶고
나의 가슴은 하늘빛을 품고 싶다.

겨울 길

수많은 이들이
길을 가고 있다

간밤에 내린 눈이
눈부신 햇살에 녹는
1월의 겨울 길을 가고 있다

뿌연 안개비가 어린 대기는
마치 농도 짙은 미세먼지처럼
시야를 흐리게 하지만
그 위로 보이는
하늘빛은 참으로 예쁘다
삶의 동반자인
하늘을 바라보면
오랜 소망이 떠오른다

푸른빛으로 그림도 그리고
영원히 지울 수 없는 푸른빛 글도

쓰고 싶다

추운 겨울 길을 걷고 있는
모든 이의 머리 위에도
고요한 평화의 빛과
한없는 위로의 푸른빛이
축복의 빛으로 내리고 있다

사립문

오늘은
축복받은 날
겨울 하늘을 인
타원형의 나목을 바라보면
잊혀진 옛날 옛적의
내가 살던 정들었던
초가집 사립문이 열리고

서쪽 하늘에
황홀한 저녁놀이 스며든
초가집 사립문을 열면
나를 반겨주는
어머니의 미소 띤 얼굴

지난날이
왜 그토록 무뎠을까
삶의 여러 모습 탓으로 돌릴
핑계의 무덤도 없으니

수많은 겨울동산의 나목을 지나치면서
나를 기다리셨던 어머니의 모습도
황혼 빛 물든 사립문도 모두
깊은 잠에 잠겨 있었지

오늘은
축복받은 날
오늘을 고마워 해아 하는 날
참으로 오랜만에
하얀 눈 쌓여 있는 오솔길을 지나
오랜 세월 굳게 닫혀 있는
초가집 사립문을 조용히 열고
어머니의 모습이 보이는
행복했던 날
평화롭던 날로
다가간다.

언 강 冬江

흐르는 강이
얼어 있다
흐르는 강물은 밤새껏
북풍과 싸웠다
흐르는 강물은 어제처럼
흐르고 있었다
흐르는 강물은 처절한 몸짓으로
밤새껏 북풍에 맞서서
얼지 않으려 힘겹게 싸웠다
싸운 흔적이
언 강물 위에
하얀 상처로 도드라져있다
강물의 흐르는
유력과 세찬 바람의 풍력이
서로 엉킨 처절한 모습이
얼음이 된 하얀 상처에
그대로 드러나 있다

하얀 상처는

얼어버린 강을

둘로 나누고 있다

동부전선의 하늘

간밤에 내린 눈은
산야를 하얗게 덮었다.

전우들과 함께
제설 작업을 끝내고
적당히 섞은 보리밥과
김치와 도루묵국 식단의
맛있는 조식을 먹은 후
식기를 씻으러 꽁꽁 언 시냇가로
경사진 눈길을 내려가다
눈 위에 그대로 미끄러졌다.

그 순간
하늘을 향하여
미끄러져 누운
내 시선에 안겨 온
이른 아침 하늘은
구름 한 점 없는

파란 하늘을 열고 있었다.

파랗다 못해
가없는 파란빛 넘치는
파란 하늘을
고요히 열고 있었다.

아마도 두 번 다시
볼 수 없을 것만 같은
가장 아름다운 하늘빛을
한참 동안
아무런 생각도 하지 않고
나는 눈 위에 그대로 누워 있었다.

단절斷絕

구름 한 점 없는
파란 하늘에 맞닿아 눈부신
아이보리색 아파트

저 아파트엔 누가
살고 있는지
낮이면 까만 불이 켜지고
밤이 오면 전등불이 켜진다
1년이 가고 10년의 세월이 흐르도록
누가 살고 있는지 아무도 모르고
모습 한 번 본 적도 없다
어떤 가족이 저곳으로 옮겨 오는지
누가 다른 곳으로 떠나가는지
알 수도 없고 창문은
빛이 있으면 어두움만 보이고
빛이 사라지면 전등불이 켜지는
단순한 변화만이 반복될 뿐
누가 이 밝은 아침을 두고

영원으로 떠나갔는지 아무도 모르니
도시의 삶이 너무나
야속하다

구름 한 점 없는 파란 하늘이 예쁘고
그에 맞닿은 아이보리색 이웃집 아파트가
눈부신 아침

저승꽃

밤새도록
향기로 맺힌 이슬방울
개나리 꽃잎 위에
댕그르 반짝인다

밤새도록
풀잎 끝에 맺힌
댕그르 맺힌 이슬방울
아침 햇살에 반짝일 때

어제의 화단엔
꽃향기가 빚어낸
이슬방울 보석방울
오늘의 거울엔
세월이 돋아 낸
갈색의 검버섯 송이
거울에 비친
갈색의 검버섯 송이

보고 또 보아도

보고

또 보고

또 보아도

또 보고 싶은

가을 하늘길 따라

황금빛 가을 들녘을 홀로 가노라면

더욱 짙어지는 파란 하늘

천만 번 보아도 또 보고 싶은

님의 얼굴처럼 밝은 빛 속에

떠있는 시월의 아늑한 하늘길

하늘길 가노라면 외롭게 떠가는

눈부신 하얀 구름송이

너무나 아름다워

왠지 모를 서러움이 인다

2부

자화상

자화상

외로운 사람
고독한 남자
그의 가슴에는
그의 영혼에는
배냇고독이 물결친다
그의 시선은
아주 미미한 색채도 찾아내며
그의 눈동자는
언제나 촉촉이 젖어 있다
그는 가까운 혈육도 없고
허기진 사랑을 안고 살지만
밤잠 이루지 못한 그의 그리움은
강으로 흐르다 바다에 이른다

그를 떠난 누구도 미워하지 않는다
이미 이해하였거나
용서할 뿐
설령 이 행성을 떠난 분일지라도

그는
태생적으로 외로운 사람
그에겐 혈육은 있으나
혈육을 본 적이 없다
그의 영혼은 항상 정에 굶주렸고
사람의 마음을 찾아 헤매며
작은 마음을 베푸는 이를
손을 한번 잡아주는 정
잊지 못하고
기억에 새기려 한다

그의 마음엔
짝사랑 무덤이 많기도 하고
아직도 마르지 않은
눈물의 흔적도 있다

그의 영혼은

만나는 모든 이들의 모습과 영혼을

기억하고 싶고

오래오래 간직하고 싶다

사랑하고 싶다

조화調和

젊은 층이 즐겨 찾는
맛 음악 뷰
모든 게 다
젊음을 손짓하는 카페

초가을 햇살은
하얀 구름 사이를 비집고 나와
대지를 밝히고

쏴 하며 잎새 사이를 스치는 가을바람
정원에는 낙엽 구르는
소리가 들려오고

삶의 마지막 줄에 선 노인은
주황색 운동모와
더 밝은 주황색 티를 입고
젊은 카페를
환히 밝혀주고 있다

하와이 여정

나무
너무나 싱싱한 야자수

해풍
먼바다에서 발원한
부드럽고 시원한 와이키키 해풍
태양빛이 인도하는 투명한 바닷물
환하게 넘실대는 돌고래 무리와
저기 짙은 초록빛 야자수 잎새
푸른빛으로 춤추고 있다

이곳은 미국의 50번째 주
미국이 아름답고 부럽기도 하다

내가 만난 흑인의 순수한 마음
우리의 마음과 다를 바 없다
백인의 친절도 사랑한다.

세월을 되돌려보면
어린 시절 밀양의 외갓집
넓은 마당에서 만난
한국전에 참전한 미국 병사 모습들
햇빛 찬란한 오후
그날의 추억 잊을 수 없다
그날의 인연을 잊을 수 없다

여든 살에 접어든 오늘 오후
호놀룰루 해변 와이키키 리조트
퀸스브레이크Queensbreak 야외식당
지나치며 인사하는 흑인의 순백한 미소
어린 시절 인연을 되살려 주고 있다

꿈의 고백

그냥
꿈이라고 할게요

사람이 다시 만났다가
헤어지는 것도
꿈이지요

그냥 헤어지는 게 아니라
지상에서 안녕이었으니까요

수십 년 동안 꿈꾸며 써 왔던
시를 쓰며 꿈을 꿉니다
그것도 많은 시간을

만약 어느 날
시를 읽는 분의 귓가에
아름다운 음률의 노랫소리
울려 퍼지고 있다면

서산 뒤로 떨어지는 해
시를 읽다가 문득
가슴에 간직한 사랑과 그리움을
꺼내 볼 수 있다면
가장 소중한 추억도
회상할 수 있다면

꿈을 꿉니다
시의 저류에
흐르는 슬픔을 통하여
위로와 기쁨을
찾으실 수 있기를

꿈속의 꿈

꿈은 신비로웠다
아메리칸 인디언들의 발자취가 어리고
신선한 풍광이 숨 쉬는
태고의 광야는
돌비석과 무성한 숲으로
초대받은 꿈은 신비로웠다

여러 짐승의 조각상이
새겨진 광장에서
친숙했던 안내인은 안개처럼 사라지고
나그네는 미아가 돼버렸다
갑자기 버림받은 나그네의 꿈은
그렇게 예사롭지 않았다

태고의 드넓은 대지로
초대받은 나그네의 꿈은
신비로웠다

백발의 나이로

이유는 묻지 말아요
어인 일로 이미 지나온 길을
되돌아가는지를
눈에 익은 정든 골목길이 열리고
까마득한 기억 저편
황혼 빛에 싸여 있는
굴뚝 둘레에 술레잡이 하는
동심이여

그냥 내버려둔 지나 온 길은
가깝고도 멀기만 한데
한 시간이면 되돌아갈 수 있는
머나먼 길
백발의 나이로 찾아 가요
삶이 맺어 준 인연에게
어린 날의 모습을 더듬어가며
사랑하는 인연에게
지하철로 이제야 달려가요

잊지 못하네

석양빛이 가득한
초여름 오후 올림픽대로
잠을 쫓는 냉커피가 구수하다

모처럼의 평정이 석양빛으로 내리는
이 축복된 순간에
60년 전
이미 지워진 어린 네 모습이
마음으로만 되살아나는 이 고요한 순간

다섯 살 어린 너를
부산의 네 아버지의 집으로 데리고 갔을 때
너를 반갑게 맞이해 주셨던 중년의 어머니와
피아노를 치고 있었던 중학생인 너의 누님

너와 너의 새 가족의 모습은
이미 기억에서 형해화 되었지만
지금

생사조차 모르는
네 이름을 불러보는 대신
네 형님의 이름
조용히 불러본다.

80 나이를 살아온
내 삶의 피안에
혈연관계가 아닌 모습 잃은 너와
이별의 순간이 서편 하늘에서
석양빛으로 고요히 내리고 있구나

너의 이름을 마음으로 불러보는
석양빛 가득한 올림픽대로

새드무비 소녀

광화문 종합청사 가로수길이
노랗게 불탔던 어느 가을 오후
정말 우연히도
어릴 적 친구였던 소녀는
세월의 흐름을 멈추고
스쳐가는 나를 알아보았다
'새드무비'를 멋지게 불렀던 소녀는
어느덧 중년의 모습으로 변해 있었다.
우린 세월의 강 건너 나그네였을 뿐
아쉬움은 언제나 많기도 하지만
그녀에게 따스한 말 한마디라도 건넸는지

시월의 가로수길을
잠시 함께 걸었다는
기억만이 남아 있을 뿐

그리고 세월의 강은
다시 수십 년 흐르고,

해후와 이별이 교차하였던 그날의

그 가로수길

은행나무는 자취도 없다

그날 그렇게도 노랗게 눈부셨던

은행나무 길

세월이 지워버린 가로수길이

석양에 물들고 있다.

기약期約

그녀와 남자는
혈연관계도 아니고
사랑하는 사이도 아니다

그녀는 남자의 시를
창 넓은 카페에서 교정하던 중
눈물을 흘렸는데
시가 여인을 울리거나
슬프게 할 만큼 감동적이지 않았지만
그녀는 눈물을 흘렸다는 것이다

그녀가 떠난 지금
어떤 대목이 그녀의 큰 눈동자를
적시게 하였는지 물어볼 수도 없다

그녀가 떠난 지 이태가 다가오는 오늘 다시
그녀가 남긴 문자를 꺼내어 본다

"안녕하세요? 지금 커피를 눈으로 마시고 있습니다 박스도 정말 예뻐서 한동안 모셔놓고 볼 것 같습니다 이 거 주시려고 일부러 두 분이 함께 오신 건 아니실 거라 생각해 봅니다 그러면 너무 죄송해서…

날 따뜻해지면 뵈러 갈게요 예쁜 립스틱 바르고… 감 사합니다

제가 문제가 생겨 입원 중입니다 아무 일도 없는 척 하려 했는데… 매화나 벚꽃보다 더 예쁜 꽃 필 때를 기약 해 볼까요?"

커피와 립스틱을 선물한
시인의 아내와의 약속
글라스 넘치는 술잔 버려두고
하얀 메밀꽃 만발한 구월의 아침
감사의 마음을 남기고
미완의 시로 떠나갔다.

3부

솜사탕

솜사탕

청명한 파란 하늘에
흘러가는 하얀 구름
서쪽 하늘가 석양빛 물든
구름 조각을 보면
어린 시절 생각나는 하얀 솜사탕
그리워지는 분홍 솜사탕

지금도
솜사탕이라면 먹고 싶은 때
언제든 달달한 맛
다시 맛볼 수 있지만

어쩌나
흘러간 시절
솜사탕 쥐여 주시며
무등 태워 주신 그 사랑
그리운 분
어디로 가셨나

행복하다

아침저녁으로 나는 행복하다
조석으로 당신을 만나고 생각할 수 있으니
그 은혜보다 더 귀한 시간이 있으랴
만약 당신을 만날 수 없었다면
삶이 얼마나 외롭고 황폐하였을까
만약 당신의 사랑이 없었다면
현재 내 삶이 어떤 모습이었을까
당신이 주신 가장 큰 선물을
기대할 수 있었을까
아침마다 손자 손녀가 주는 아침 인사도
저녁마다 주고받는 행복한 뽀뽀도
당신 사랑의 선물인 것을
내 삶의 온갖 기쁨은
모두 당신의 선물인 것을
내 삶의 모든 좋은 인연마저도

흙의 여인

평생 흙을 만지며
살아온 눈동자가 커다란 여인의
모습을 기억한다

그녀는 밭에
보리와 오이의 씨앗을 파종하여
때가 이르면 수확을 하였다

여인의 손톱 밑에는
항상 흙이 끼어 있고
손과 얼굴은 흙빛 구리색이다

그녀는 보리가 익어가는 봄이면
낫 들고 땀 흘리며 보리를 베었고

여름이면 푸른 줄기마다 열린
싱싱한 오이를 수확했다

봄이면 그녀가 입은
적삼과 통치마에 묻어 있는
흙 내음 풋풋한 보리 내음

여름철이면
짙은 땀 내음과 싱싱한 오이 향기와
흙 내음이 배어 있었다

일생을 흙을 일구며 살아온
흙빛 얼굴의 눈동자가 큰
흙의 여인

오차드가

작은손 유치원을 지날 때
엄마와 앞서 걷던 귀여운 손녀
뒤돌아와 연결시켜 주는
할아버지 할머니의 손과 손

그리고 쪼르르 엄마에게로 간다

오차드 가에 시원한 바닷바람
손녀가 데려온 시원한 8월의 바람
오차드가 언덕길을 오르는 아내의 얼굴에
구슬땀이 송글송글

손녀가 데려온
시원한 바닷바람
오차드 언덕길 따라 부는
시원한 바닷바람

모든 가족에게

할머니 할아버지 보시고 있나요
지금 당신을 따르는
사랑의 시선을

할머니 할아버지 느끼고 있나요
손자 손녀의
사랑의 시선을

이 세상
엄마여 아빠여
그대들은 축복받은 부부
그대들의 아들과 딸이
그대들의 부모를
사랑하고 있으므로

가을 편지

가을바람이 일고 있다

바람결 따라 낙엽은 우수수
졸졸졸 흐르는 계곡물 따라
낙엽도
파란빛 하늘도
하얀 구름도
졸졸졸 계곡물 타고

계곡의 오솔길 정다운 부녀
한때의 긴 가을바람이
빨간 단풍나무를 스치자
소리치며 바람결 타고 내리는
빨간 잎새를 향하여
두 손을 들고 달려간다
누가 일곱 줄의
가을 편지 수취인일까

깊어가는 가을 산에
가을바람이 일고 있다
빨간 단풍나무 낙엽은 우수수
청명한 하늘도
하얀 구름도
갈색 낙엽도
익어가는 가을도
흐르는 개울물 타고
졸졸졸

어린 딸아이와 아빠는
바람결 타고 내리는
빨간 단풍 낙엽 보며
마냥 즐거워

깨달음

여기는 한참 뜨고 있는
트롯 노래교실
700명의 회원들이
노래하며 율동하는

그녀는 무려
스무 해 동안 개근하는
노래교실 학생이며
최고령자 중의 한 사람

춥고 더운 궂은날 가리지 않고
스무 해 동안 그녀를 태우고 온
그녀의 남편은
약 두 시간 정도
그녀를 기다리고 있을 참인데
그녀가 내린 자리에 주인 잃은 노래 교본 하나

그는 노래책을 들고

황급히 노래교실로 들어서자
에어컨이 고장 난 찜통 교실에서
어머니들은 비지땀을 흘리고 있다

아내는 정녕 트롯을 사랑하고 있을까?
무엇 때문에 한 주에 두 번씩이나
이곳을 찾고 있을까?

비지땀을 흘리고 있는 아내의 얼굴을 바라보며
노래 교본을 건네자
아내는 남편에게 환한 미소를 보낸다

그 순간 남편은 깨닫는다
지난 스무 해의 남편의 무지를

옛날 옛적에

텔레비전이나 셀폰이 없던 시절
긴긴밤 할머니 들려주시는 단골 우화
'떡 하나 주면 안 잡아먹지'로 깊어만 가고

어느 추운 겨울밤
끼니조차 어려웠던 시절
낡은 자루 하나 손에 든
이웃집 가난한 애 아빠
방앗간 집 곳간에 숨어들어
무언가를 자루에 가득 담아
어두움으로 사라졌다

밤새 골목길엔
달리기 트랙에 뿌려놓은
하얀 횟가루처럼
아저씨 집 문 앞으로
길게 이어진 하얀 쌀의 비밀
누가 눈여겨볼 새라

시린 손 호호 불며
골목길 쓰레질하는
방앗간 집 마리아 할머니

삭풍이 몰아치는 새벽 골목길
방앗간 집 마리아 할머니
이웃집 아저씨의 지난밤 비밀을
싸리비로 말끔히 지우고 있다
이웃집 아저씨 발걸음 따라
해진 자루 틈새로 흘러내린 비밀을
배고픔의 세월을
쓰레질하고 있다.

축복받은 날들이여

기억을 좇아 열무김치를 잘게 썰고
빨간 김치 국물도 적당히 넣고
봄 푸성귀 민들레 무침도 잘게 썰어
하얀 대접에 붓는다
보리밥을 한 주걱 크게 떠서
열무김치와 민들레 무침을 잘 버무린다
마지막으로 생 들기름을 적당량 친 후
한 술 떠서 입에 가득 넣는다

아삭한 열무김치
쌉싸름한 민들레
후각과 미각을
깨워주는 생 들기름
보리밥 특유의 맛은
축복받았던 지난날을 불러온다

어릴 적
식구들이 고추장과 열무김치

참기름으로 버무린 보리밥이

가득 담긴 큰 양푼이 하나

밥상 가운데 달랑 놓고

숟가락 부딪혀 가며

맛있게 먹던 그날은 어디로 갔을까

축복받은 날들이여

엽서를

가을이 오면
하얀 종이 엽서를
쓰고 싶어요

하얀 구름 몇 조각
하늘에 두둥실 떠 있는
파란 하늘 그림을
정성껏 그려 넣은
엽서를 만들고 싶어요

아내에게도
딸에게도 보내고
아들과 며느리
그리고 손자와 손녀
이웃에게도 보내고

누군가 먼 훗날
엽서에 고이 담긴

사랑의 음성을
기도의 목소리를
다시 들을 수 있다면
얼마나 큰 기쁨일까
얼마나 큰 축복일까

이 가을이
더 저물기 전에
파란 하늘빛 엽서를
보내고 싶어요
인생이 더 저물기 전에

1분의 시간

아내와 나는 응접실에서
한강의 노벨문학상
수상 뉴스를 보다가
동시에 소파에서 일어났다

아내는 화장실에 가고
나는 어제저녁부터
시작한 물빨래를 마무리하기 위해
세탁실로 향한다
아내는 미소 짓는 표정으로
뒤따라가는 나를 향하여 1분의 시간 표시로
검지를 세운다

나의 게으름 탓으로
일반세탁과 헹굼 플러스 탈수의 구간을
수차례 오갔던 소형 세탁기의 타임표시는
남은 1분을 가리키고
세탁마침 차임벨 소리를 세탁기 앞에서 기다린다

탈수의 시간을 넘기면 또다시
'헹굼 플러스 탈수'의 절차를 다시 밟아야 하니까
정지된 드럼통 안의 물빨래는
시간을 넘기면 제멋대로 구겨져 다림질이 필요하지요

1분의 시간이
왜 그렇게도 길고도 긴지…

발자국

모래밭에 눈에 익은 듯
선명한 발자국 둘

작은 발자국은 아내의 발자취
큰 발자국은 나의 발자취
그 해변을 아내와 나는
침묵으로 함께 걷는다.

아마도 이 순간이 지나면
모래 위의 발자국은
파도에 밀려 사라지겠지.

무심한 해풍은
바닷물 도르르 말아 해변에 하얗게 부서지고
모래밭은 바닷물에 차츰 잠긴다

4월 초하루 푸른 바다는
파란 하늘을 이고

바람결 따라
뒤척이며 소리치고
해안으로 해변으로 다가와
하얗게 뽀얗게 부서지고 있다,

아직도 아내와 내 발자국은
해변 모래밭 위에
그대로 나란히 남아있는데

공설운동장

여름날 길고 긴 해가
서산으로 지고 있다
소나무 숲이
병풍처럼 둘러 쳐진 운동장 트랙을
열 살 사내아이가 쉬지도 않고 달리고 있다

"문아! 집에 가서 저녁 묵자."
동백꽃 향기 머릿결
은비녀 쪽진 외할머니가
외손자를 부르고 있다
붉은 석양이 소나무 숲으로
잦아지고 있다.

함수관계

움푹 들어간 눈을 가진
아빠

도톰한 눈두덩을 가진
아빠의 아들

물리학 박사가 풀어낸
함수관계

아빠는
외로운 남자

추석단상

손자들과 함께한 밝은 날들이
가을빛처럼 흘러가고
드디어 헤어질 순간이 다가왔다

백팩을 멘 손자의 표정은
덤덤하기만 한데
하얀 토끼천 가방을 어깨에 멘
손녀의 눈동자엔 서글픔이 어려있다.
만남과 헤어짐에 유달리 의미를 두는
팔순 할아버지
열린 차창으로
할애비의 손을 꼭 잡고
놓을 줄 모르는 손녀

손녀가 탄 차가 멀리 사라진
텅 빈 언덕길에는
가을 하늘이 파랗게 열려 있다

삶의 기쁨

초등학생인 딸과
교문 앞에서 손을 흔들며
나누는 아침 인사

세월이 흘러
초등학생이 된 손녀와
교문 앞에서 나누는 아침 인사

세월은 느리게
시간은 빠르게
세월 속의 인생도
시간 속의 일상도
아침인사로
반추할 수 있다면
그것이 바로
인생의 기쁨
삶의 축복이겠지

사랑하는 친구여 안녕히

새벽에 전화벨이 울렸다
귀에 익은 친구 목소리
'니 연락받았나?'
울먹이는 목소리에
삶이 싫어 식음을 전폐하여
병 수발하는 아내와
수개월 동안 다투었던 친구가
우리 곁을 떠나갔다는
불길한 예감이 적중했다

남쪽 지방의 뜨거운 햇볕을 받아 가며
어린 날을 함께 자란 정다운 친구
속 얘기를 나누던 벗이
기어코 이 세상을 떠나갔다

평생 친구는 큰 아쉬움 남겨놓고
그렇게 우리 곁을 떠나갔다

비 내리는 새벽
아직 어스름이 채 가시지 않은 이 새벽
몇 년째 자취를 감췄던 매미 한 마리
흘러내리는 빗방울과 함께
창문에 매달려 있네

'사랑하는 친구여, 잘 가시게'

자네의 모습을 다시 한번
내 마음으로 그려 본다

손녀와 여는 하루

아바의 안단테 안단테
차 안의 FM 라디오에서
잔잔히 울려 퍼지는 선율
뒷좌석엔
미처 나누지 못한 며느리와 손녀의
아침 대화

손녀가 들려주는 점심식단 얘기
야채 피클, 토마토, 스파게티, 도그 빵, 청포도 등
손녀의 재잘거림
운전석의 할아버지도 마냥 즐겁다

손녀와 함께 하는 아침 길을
느리게 가고 있다
안단테 안단테

그리움

살다가 시련에 부딪칠 때면
아련히 떠오르는 엄마의 모습
그리움은 메아리치고

귓가에 맴도는 엄마의 마지막 쉰 목소리
하느님을 의지하며 살라고 권유하시네

시공을 달리하며 흑백 사진에
환히 웃음 짓는 엄마 모습
엄마의 영혼을
따스한 손길을
그리워합니다

마지막 날
당부 말씀 남기신 엄마의 쉰 목소리
오늘도 귓가에 들려옵니다
'하느님을 믿고 의지하며 살라' 시던
엄마의 마지막 음성

엄마와 이모님

남산의 봄길 가노라면
달달한 아카시 꽃향기
나그네는 행복했었지

어느 해였던가
아카시 숨결이 남산을 가득 메울 때
엄마, 둘째 봉혜 이모님, 넷째 무경 이모님과
함께한 남산길은
행복이 샘솟는 길이었네

청명한 봄날
하늘과 땅은
찬란한 빛으로 가득했고
남산의 아카시 꽃송이
그 찬란한 빛을
하얗게 밝혀 주었던 날
엄마와 이모님들과
함께 한 남산길

그날의 아름다움
모두 추억으로 남은 오늘
그날 무경 이모님이 들려주셨던
아까시 화전 부치셨던
그리운 외할머님
그립고 그리운 모습

그 찬란한 봄날은
흘러가는 세월 따라
사라진 아카시 향기처럼
덧없이 가버렸네

손녀의 답장

오늘 오전 만 9살 된 손녀에게
짤막한 문자를 보냈다
'유주야 사랑해,
할아버지'

오후 다섯 시가 지나자
카톡이 울리면서
손녀로부터 기대하지 못했던
문자가 도착하였다

무려 60번을 되풀이하여
'사랑해요'라는
긴긴 손녀의 답장

4부

퍼즐

퍼즐

그분의 잔잔한 미소를 생각하며
어떤 색상의 넥타이를 매면
온화한 미소가 더욱 선명히 보일까
수수께끼 같은 의문이다

생각다 못하여
그분의 천연색 사진을 확대하여
찬찬히 살펴보니
그분의 미소 짓는 얼굴을
환히 받쳐주는 상의에는
녹청색 빛깔이 흐르고 있다

그래 저 색상이 바로
그분이 선호하는 빛깔이 아닐까

바로 저 색상이
그의 온화한 미소와
더욱더 잘 어울리는 빛깔이 될 거야

그녀는 떠났다

이 아름다운

가을 하늘을 두고

먼 길을 떠나갔다

그렇게 빨리

떠날 줄 몰랐던

아니 어쩌면

떠나기를 거부했던

예순아홉 살의 그녀는

매화꽃보다

더 예쁜 꽃 피는

아름다운 계절을

언약해 둔 체로

홀연히 떠나버렸다

하찮은 삶의 이야기에

귀 기울여 준 그녀

저 고운 빛 하늘을 두고

어느 날 새벽

하늘나라로 가버렸다

마지막 메뉴

삼복더위에
냉방이 빵빵한 백화점에서
가족과 즐길 수 있는
생일 선물 식사권 두 장

쿠폰이 선택할 수 있는
마지막 메뉴에
닿는 시선

수술비 모금을 위한
쿠폰의 기부
청각장애 아동을 위한

이웃

아침에 눈 뜨면
누군가를 위한 일상이
당신을 기다리고 있다면

이른 아침 눈 뜨면
누군가 그리워지고
누군가의 목소리라도 듣고 싶은
대상이 떠오르면
그래도 당신의 인생은 외롭지 않아요

혹여 어느 날
멀리 떠나는 이웃이 남긴
'함께한 날들은 삶의 축복이었다'는 말
영혼의 갈피 속에 간직하고 있다면

나는
조용한 당신의 이웃이 되고 싶어요

지구의 반대쪽

뉴욕의 중심부 맨해튼을 지나
허드슨강을 가로질러
워싱턴 다리를 건너면
뉴저지주 '포트리Fort Lee' 아파트촌이 펼쳐진다

5월 아침
아파트촌 오솔길은
살랑 부는 미풍으로 싱그럽고
삼십 대의 주재원은
마주치는 주민에게 '굿 모닝'
아침 인사를 건네고
주민도 '좋은 아침'이라고 화답하며
환한 미소를 선물한다

오십 년의 세월이
강물처럼 흐르는 오늘
여기는 대한민국 서울
5월의 아침은

물빛으로 반짝인다

서울의 강북과 강남을 잇는
영동대교 남단의 강변둔치
산들바람 부는 강변
산책하는 백발 나그네

노인은 강변을 산책하며
지나치는 사람에게
'안녕하세요'라고,
아침 인사 보내지만
응답하는 이 하나 없다

그 곁으로 유유히 흐르며
아침 햇살 반짝반짝 빛내는 한강이 곱다.

방아쇠 손가락

그녀는 양손 가운데 손가락 통증으로
재활의학과 병원에서 진료를 받아보니
'방아쇠 증후군'이라는 진단을 받았다

그녀는 사는 동안
총기를 다뤄 본 경험이 없다
그런데도 가운데 손가락 통증의 진단 결과는
질병분류번호 M6534 방아쇠 증후군이라니

그녀는 남다른 손재간으로
세계여성 유행의 중심지인 뉴욕에서
머리 액세서리 만들어
삭스 피프스 애비뉴Saks Fifth Avenue,
블루밍데일
유명 백화점 바이어에게
공급했던 재능의 소지자

미국 원산지인 '그로 그레인' 천으로

여성 머리 액세서리를 만들어
한때 뉴욕의 유행을 선도한 여인
그녀가 수년 동안
자신의 아이디어와 손재주로 만든 헤어 오너먼트는
미국 여성들에게
지금까지도 매우 인기가 높다

장기간 쇄도하는 주문을 감당하기 위하여
그녀는 손가락을 바쁘게도 혹사시켰지
아마도 그때 무리하여 얻은 병이
듣기에도 생소한 방아쇠 손가락이리라

물리치료사 선생님이 그녀에게 권고하는 말
'집에서 손으로 하는 일은 절대로 하지 말 것'

그녀는 진단병명 '방아쇠 손가락'을
속으로 되뇌어 본다

인연

따님 결혼식에 불러줘서
참으로 오랜만의 만남입니다

솔직히 말씀드려
세월이 흐른 후 찾아준 마음이
정말 고맙고 기뻤지요.

이러나저러나 나이 들면
살면서 맺은 인연
하나하나 모두 소중한 것을

두 집안의 혼례식
십 년의 세월을 두고 서로 축하하니
그 인연도 예사롭다 할 수 없지요

세월이 더 멀리 가면
어떤 새로운 인연
우리를 기다리고 있을까?

마지막 동창회

오늘 만날 수 있는 친구 과연
몇 명이나 될까

팔십을 넘긴 오늘이
우리의 마지막 동창회라네

백발로 서서 긴긴 세월
뒤돌아보니 아련히 떠오르는
어린 날의 모습들

시간의 맨 끝자락에서
두 손 꼭 잡아가며
정다운 이름 불러본다

재회의 날을 바라보며

커플 상담

두 평 남짓한
하얀색 상담실
여러 개의 작은 매립 등
불빛이 은은히 서로 오가는 오후

노부부의 일상을 묻는 심리상담사
독백하듯이 호소하듯이
서로의 가슴에 묻어 둔
삶의 얘기를 털어놓는 노부부

커플 상담하는 노부부
만나기만 해도 마음이 편안한
심리상담사의 수줍은 모습
상담실을 환히 밝혀주고

티 없이 밝고 명석한 젊은 심리상담사
미소 지으며
노부부가 선택한 사랑의 언어도 비교 분석하며

지나가는 말을 수줍은 듯
살짝 보탠다

'노부부의 다투는 모습
갓 시작한 젊은 연인의 사랑싸움처럼
풋풋하다'고

구두 수선 여인

현관 신발장에 반짝반짝 광나는
까만 구두 한 켤레
어림잡아
한 해 동안 발에
잘 길들여진 구두
밑창과 굽을 수선하고 광까지 내었더니
편안한 새 구두로 변모했다

출근 시간이 지나고
사람들의 왕래가 다소 뜸해진 시간
편안한 구두를 신고
버스정류장 옆 구두수선 부스를 지날 때
떠오르는 그녀의 모습

헌 구두를 수선하는
동네 버스정류장 구두수선 부스의
비좁은 공간에서
그녀의 작업을 응시한다

하얀 피부에

눈동자의 선이 큰 중년의 여인

한 땀 한 땀 야무진 그녀의 손길

작은 손은 너무나 애잔하고

하얀 볼 위에 길게 묻어 있는

까만 구두약

편안한 구두 신고

버스정류장 옆 구두수선 부스 앞을 지날 때

시야를 끌어당기는

작은 자물통 하나

다시 떠오르는 하얀 피부에

눈동자의 선이 큰 중년의 여인

며칠째 결근하는

하얀 미소를 기억하는 이웃

버스정류장 옆 구두수선소를

지나가고 있다

어떤 눈과 귀

이웃의 눈에는
기쁨의 일상보다는
슬픔의 모습이 더욱 잘 보여

이웃의 귀에는
행복의 음성보다는
슬픔의 한숨 소리 더욱 잘 들려

이웃의 눈과 귀는
언제나 열려 있네
기쁨이나 행복의 노래보다는
모든 슬픈 소리에 열려 있다네

인연

이른 아침
마음의 문을 열면
떠오르는 사람
이토록
그리운 사람인 줄…

어제는
파란 하늘에서
갑자기 돌풍이 불고
한 줌의 여우비가
눈꽃처럼 차창에 내릴 때
그리운 사람
그리운 분 모습은
무지개처럼 떠오르고
뜨거운 눈물이 볼을 타고
인연을 향하여
하염없이 흐른다.

붕어빵 집

사람이 떠나는 것은 싫다
좋은 때를 만나서
다른 곳으로 이사를 가든
직장을 옮기든
앉아 있던 자리나
살던 집을 떠나면
쓸쓸하고 슬프기도 하다
그러한 일들은
이미 정해진 삶의 궤도지만
떠남이 보이는 서글픈 일상이
정말 싫다

이웃에서
어려움을 견디던 점포들이
하나둘 문을 닫고
떠나기 시작한다
찬바람이 불고
손이 시린 계절이 오면

몸과 마음을 녹여주던 붕어빵 집

어느 늦가을 오후

정든 간판을 내리고

어디론가 떠나갔다

광폭廣幅의 세월

발리 해변가, 당인 빌라 마을로 가는 길
할아버지 졸졸 따르던 열 살의 어린 손녀
'할아버지, 어릴 때 가장 재미있었던 놀이가 뭐였어
요?'라고 묻는다
'구슬치기와 팽이돌리기였지'
할아버지도 되묻는다
'너는 지금 어떤 놀이가 가장 재미있니?'

'라부부 시크릿'
손녀는 대답하며
인터넷 놀이의 설명까지 덧붙이고

광폭廣幅한 세월 함께 건너는
손녀와 할아버지 발길
먼바다에서 불어온 서늘한 해풍
파란 하늘 맞닿은 야자수 잎
한 몸으로 춤춘다

어떤 장례식

윙윙 돌아가는 분쇄기는
세찬 공기 압력으로 갈기갈기 찢긴
하얀 조각들을 내뿜는다
조각난 영혼들은
이름 모를 둥근 폐지의 무덤 위로
무심히 쌓여 가고 있다

이 광경을 한참 동안 응시하던
여성 작가의 두 볼에
흐르는 눈물
그녀의 영혼이 조각나 흩날리는
파란 하늘 아래서
그녀는
슬픔을 통곡하고 있다

자신의 영혼을
이유 없이 조각내는 분쇄기 앞에서
그녀는 통곡하고 있다.

창문을 열어라

수많은 분들이 그가 작곡한 노래를 즐겨 듣거나
한두 번 이상 흥얼거려 보았으리라

이태 전 아내를 떠나보낸 후
"온 세상이 텅 빈 것 같다"며
아내를 잃은 슬픔을 벗에게 호소해 온 작곡가

이별의 아픔으로
스스로 두문불출杜門不出 덫에 가둔 그에게
추석날 아침 문자를 보냈다
아무런 응답이 없다
침묵하는 그에게 무선전화 발신음을 띄운다

셀폰의 발신음이 한참 동안 울린 후
들려오는 귀에 익은 그의 음성
추석날 아침 귀를 연 그에게 전해준다
창문을 열면 청명한 하늘
가을빛이 파랗게 짙어가고 있음을

5부

라일락 나무

라일락 나무

해마다 사월이면
석양에 물든
라일락 꽃향기 흩날리는
귀갓길은 행복했지요
그리고 5월이면
한줄기 남풍에 실려 온
아카시 달콤한 꽃향기로
고향집 고달픈 삶도
축복이었지요

당연한 것처럼
꿈에도 생각 못 한 고마움
향기가 사라진 오늘에야
가슴을 칩니다

우리 모두의
상실의 깨달음이
축복의 향기로 내리는 날

라일락 나무
향기 짙은 꽃망울 열고
아카시 꽃잎도
달콤한 숨결을 되찾는
청명한 날을 맞이해요

망설임

보는 기쁨은
오늘도 있고
내일도 있으리라

위로하는 기회도
오늘 이 자리가 아니어도
언젠가는 다시 나타나리라

사랑의 기쁨은
너무나 설레기에
오늘보다는
내일이 더 아름다우리라
그렇게 믿지요

하지만
오늘 아침에 일어나 보니
모든 망설임은
지난밤 꿈속의 꿈들

시선의 교차로交叉路

시선이 충돌하는 지점에
시선의 무덤이 생겨나고
시선이 손을 맞잡는 지점에
시선의 탑도 쌓여 간다

시선의 교차로엔 신호등도 없고
인공지능도 없지만
이 순간도 시선은 일상을 맴돌다
빛을 좇아서
새 길을 가고 있다

이 지구를 돌고 도는
나그네길 따라
시선끼리 무심히 부딪치고 지나치기도
때로는 계시처럼 서로를 영접하면서
시선은 미지의 먼 길을 가고 있다

처음 가는 길

삶의 피안에는
폭발 직전의 활화산
트라우마가 실존한다

이 길은 처음 가는 길이고
파쇄장이라는 곳도 초행이다

글을 썼다는 이유로
모자라는 생각으로
글을 썼다는 잘못으로
이름도 생소한 파쇄장에 가야만 하는 사람

파쇄장 넓은 공터엔
먼저 도착한 책이
40권 단위로 묶인 채로
주인을 기다리고 있다

이윽고

5톤짜리 집게 차는

책을 한 무더기 들어 올려

파쇄기 컨베이어 벨트에 내려놓고

서적들은 벨트에 실려

파쇄기 속으로 줄줄이 빨려 들어가고

천 권의 서적은

20분의 시간이면 족히 처리되리라

서적이 폐지로 조각나 휘날리는 파란 하늘

파쇄 현장을 사진으로 담고 있다

한순간 사람은

파쇄기가 뿜어내는 잔해들이 쌓여가는 봉분 위에서

조각난 파란 하늘을 보았네

"사람의 손녀가 삽화로 그려 넣은 파란 하늘을"

다시 폐지 속에는

귀여운 손녀의 모습도 흩날리고

섭리이기를

친구여
너의 얼굴에
짙은 슬픔이 깃들어 있구나
너의 주름도 날로 깊어 계곡을 이루고

누구나 예외일 수 없는
삶의 시작점에는
우리가 내버려둔 초심이 있다네

우리가 만약
지치고 힘든 삶의 선택 지점으로
돌아갈 의지만 있다면

언젠가는 지금의 힘겨움이
미처 깨닫지 못한 섭리이었음을

우리를 인도하려는
구원의 손길이었음을

기다리는 사람

당신은
패배자가 아니라
기다리는 사람입니다
삶의 길이를 알면서도

그렇다고
당신은 기회주의자도 아니지요
인내하며 마지막 순간까지
기다리는 사람입니다

당신은
믿음으로
때로는 침묵으로
당신의 때를
기다리는 사람입니다

하늘빛의 신비

하늘빛이 곱고 아름답다고
사람들은 노래하고 있다
하늘색이 파랗고 신비롭다고
사람들은
하늘색 사랑하지만

화가나 작가 시인들
계절 따라 시시각각 변하는
하늘색 어떻게 채색하나
어느 시점에 고정시켜
눈과 마음으로
하늘빛을 채색하나

계절 따라
시각 따라
하늘색은 한없이
변화를 지속하지만
이 세상 누가

하늘빛의 신비로운 변화를
형상화시켰을까

하늘색의 변화는
계절 따라
시각 따라
윤회를 거듭하고 있는데

인생행로

오늘 춘광이 봄비처럼 내리는 청명한 날
그분이 들려주는 담담한 얘기에 귀 기울이다

그분의 삶을 경청하다 보면
삶의 순간순간이 시험의 연속이었다고

끊임없는 시련은
철없던 초등학교 시절부터
직장생활에서나
인간관계에서도
특히 사랑에서나
가정생활이나
가족관계에서도
나름대로의 작고 큰 시험이
시련이 있었다며
지금은 나라의 자유가 수난당하는
공동의 시련에 직면해 있음을

삶의 시련은
때로는 기쁨으로
때로는 슬픔으로
때로는 고통으로 나타나기도 하지만
삶의 고비고비마다 그의 영혼은
삶의 겸손과 희망의 끈을
굳게 부여잡고 있었다고

올곧은 길을 가기 위하여
모든 시련을 겸손하게 맞이하며
기도하는 마음으로 희망을 향하여
나아가고 있음을

누군가가 말했다며
"흔들리지 않고 피는 꽃이 어디 있으랴"
봄빛이 봄비처럼 내리는 오늘
그분의 마지막
에필로그

6부

모래성

모래성

어디서 시작된 것일까
남산의 초록 향기
봄바람에 실려 지나가는 육교 위
한 여인이 홀로 오가는 차의 행렬을
셀폰으로 쫓고 있고

수년 전부터
과속차량속도측정기를 새롭게 매단 교통신호등
시속 60km 경고 표시는 그대로이고
경호차량으로 붐비던 골목길
텅 빈 채 먼 하늘에
맞닿아 있다

길 옆 알루미늄 전봇대 꼭대기
비둘기 한 마리 시선이 닿은 곳
가슴 아파 붙인 이름
모래성이여
허망의 빈 집이여

영혼의 키

날이면 날마다
너그럽게 이해하고
내 잘못을 용서하듯이
참 미소를 띄우며
사람답게 살자고
다짐에 다짐을 거듭하지만

어제도 또 오늘도
내 기대와 판단에
어긋나는 장면을 만나면
좋은 날에 품었던 각오는
한 낱 안개와 같구나

오늘도 나는
세 살 나이에 머문
내 영혼의 작은 키를 바라보며
슬픔에 잠긴다
가여운 내 영혼아

보라 빛 나비

보일 듯 말 듯
나폴 나폴 나래짓
아기 나비야
보라색 옷 입은
아기 나비야

태어난 후
처음 가는 하늘길
무슨 일로
누가
무엇이 그렇게 보고 싶기에
이 새벽길 폴 폴 날고 있을까

보일 듯 말 듯
하늘길 날아가는
보랏빛 나비야
어디로 가기에
이 새벽하늘 폴폴 날고 있느냐

삶의 가방

삶의 가방을 줄여 보자

필수품이라고 챙기다 보면
꾸리는 가방은 항상
중량초과이지요

장기 여행을 위하여
챙겼던 가방이
하나가 두 개가 된 경우는
흔히들 겪었지요
마음 가는 대로 꾸리는 가방은
언제나 차고 넘쳐요

삶의 가방을 줄여 보세
사용이 불명확한 건 정리하면서
삶의 짐을 줄여 나가세

서기 이천오십 년

그는 꿈꾼다

자유로운 세상을 꿈꾼다

지금처럼 복잡하고 싸움질하는

현상이 정지된 세상을

차도를 헤쳐 가며

운전을 하며

매 순간 장애물을

피해 가는 이 세상

하다 하다 이젠

후면단속까지 하는

만화 같은 세상

그는 새로운 세상을

장애물 없는 세상을 꿈꾼다

새 세상의 차도는

신호등도

우선멈춤 표시도

속도제한 표시도

일방통행 표시도 없는 차도를
그의 두 발로 길을 걷듯이
안전하게 생각하면서 자유롭게
달릴 수 있는 날을 꿈꾼다

그래 여권도 비자도 없이
이 행성을 달릴 수 있기를
오직 밝게 빛나는
이정표 하나면 족한
그때가 오기를

노래를 부르고 싶다

노래를 부르고 싶다

이제 나이가 너무 많아
숨이 차고
노래하기가 힘들어도
마음으로라도
노래를 부른다

때로는
옛날 같지 못한 나의 목소리가
스스로 듣기에 두려워서
마음으로
노래를 부를 때도 있다

오늘은
모처럼 목소리를
제대로 낼 수 있어
애창곡을 불러본다

나는

오늘도 내일도

노래를 부를 것이다

지난 옛 시절을 그리워하면서

나의 오늘과

내일의 행복한 삶을 위하여

내 영혼아

영혼아
내 사랑하는 영혼아
너를 볼 수 없고
지극히 사랑하지만
지금 이 순간이 지나면
언젠가는 떠나야 할 숙명
너를 내게 잠시 허락하신 존재에게
돌아갈 숙명임을

영혼아 내 영혼아
사랑하고 사랑받을 신비한 영혼이여
아름다운 모습 볼 수 없지만
때로는 상처 난 네 사랑에서
흐르는 피
볼 수 없다 해도 들려오는
네 무언의 목소리
사랑의 목소리
불멸의 빛으로 나를 오라 하네

그리운 시인이여

속 풀이 같은 만남이었다며
지난 것은 사라진 것이 아니라
다시 살릴 수 있는 희망이라며
아침 햇살보다
더 황홀한 황혼의 인연으로
다시 가꾸어보자던
시인이여

그렇게 가슴 부푼
소망을 지녔던 그는
다시 만난 후 1년이 지난 5월
어느 날 갑자기
저 세상으로 떠나셨다

무신론자였던 시인의 빈소 위패에는
대세의 의미를 담은
성당 특유의 십자가가
눈길을 끌었다

작은 일상

셀폰이 울린다
돈을 빌려주겠다며
보험료를 최적화시켜 주겠다고
청한 적 없는 전화가 걸려온다

잠시 후 다시
신호음이 울리고
액정에 뜬 전화번호
받아야 할 전화가 아닌 것 같다

어림잡아
아침부터 저녁까지 대여섯 번 이상
그런 종류의 휴대전화 벨이 울린다

하루 종일
반가운 전화
그리운 목소리는 아니다

저장된 연락처엔
대부분 안부조차 전하지 못한
쉬고 있는 전화번호들

이름에는
얼굴이 있다

잊고 있는 모습들
그들에게도
시도 때도 없이
기다린 적 없는
벨 소리는 울릴 것이다

그들의 휴대전화에도
당신의 전화번호도
있으련만

가야만 할 길

날마다 사람들은
길을 가고 있다

사람은 누구나
길을 가고 있다

때로는 두 발로 걸어서 가는 길
때로는 두 발이 아닌 마음으로
갈 수 있는 길

마음의 소리 따라 길을 가다 보면
기쁨의 눈물 흘리는
축복받는 날도 있겠지요

하지만 두 발로 가야 할 길을
가고 있다 하여도
너무 서러워하지 마세요

매일 매 순간 사람은

길을 가고 있지요

저마다의 이정표를 바라보며

꿈에서도 꿈길을

가고 있지요

다리 하나

저기 남녘으로 흐르는
강물 위 긴 다리 하나
사람들은 날마다
아침에도
꿈길에서도
시도 때도 없이
저 다리를
건너가고 있다네

저기 흐르는 강물
삶의 한가운데를
지나는 긴 다리 하나
사람들은
다리 반대쪽엔
새로운 거리와 마을이 있으리라
믿고 있지요

저기

삶의 한가운데를 지나는
길고 긴 회색 빛 다리 하나
사람들은 황금빛 평원을 소망하며
설레는 마음으로
다리를 건너고 있네

사람들은
어제도 오늘도
삶의 다리를 건너며
평화로운 신세계
아담한 보금자리 꿈꾸며
다리를 건너고 있지요
첫아이 태몽과도 같은
소망을 안고서

풀잎 나방

풀잎 나방은
차창으로 날아와 부딪치며
녹색의 흔적을 남겨놓고 사라진다

황혼이 지기 전에
이 늪지대의 국도를 벗어나야 한다
국도 따라 갈대숲이 무성한
늪지대 풀잎 나방은
차창에 부딪치며 쉴 새 없이
녹색의 체액을
녹색의 피를 쏟아내고
워셔액은 이미 바닥을 보이고 있다

풀잎 나방은
녹색의 비명을 지르며
황혼이 깃든 차창에
짧았던 삶을
창공으로 훨훨 날려버린다

추상화라는 묘비명을 남겨 놓고

미국 동부의 7번 도로
갈대숲 도로는
가도 가도 끝이 없다
황혼이 지기 전에
해변 국도를 벗어나야 한다
황혼이 지기 전에

어제 날이여

어제의 약속대로
오늘에 왔다
아주 오래된 어제 날에
남겨 둔 숙제 하나
묻고 또 물어
찾고 또 찾아본
담장 하나 두께
이웃으로 자란
옛 친구의 잊혀진 음성
수십 년 어제를 지나
오늘에 들려오고
어제는 저물어 간다

그립고 그리운
아름다운 어제 날들이여
굿바이

아 인연이여

가슴에 살아있는 모습이여
이젠 다시 볼 수 없기에
조용히 눈을 감는다

세월이 모두 데려가버린 인연이
그립고 그리워
오늘 우리도 그 길을 가고 있네

누구나 가슴에 담아 둔
아름답고 소중한 삶의 모습 모습들

손끝에 닿았던
여름 밤하늘 은하수의 물결도
아직 가슴엔 흐르고 있는데
이젠 자취도 없네

아 사랑했던 인연이여
아름다운 날들이여

고마운 사람이여

고마운 사람을 기억하자
미처 감사하지 못한 고마움도
회상하자

길을 걷다가도
차를 운전하고 할 때에도
잠들기 전이면 어떠하리
살면서 우리가 만났던
고마운 순간을 떠올려 보자

때가 되면
전화로 예약하고 찾아가던
13년째 단돈 만 원짜리 지폐 한 장을 고수하시며
길어진 머리털을 정성껏 잘라주시는
동네 미장원 여사님의 노역과 마음도
기억하자

때론 우린 고마움이 회상되는 지점에서

예기치 못한 감동을 만나기도 한다
그래 그 고마움에 감동을 넘어선
당신의 마음이
미처 예기치 못했던
눈물을 펑펑 쏟으면 어떠하리

당신의 마음에
담담하게 담긴 고마움이
뜨거운 눈물로
통곡하면 어떠하리

살다가 당신의 삶이 고마움을 입은
그 보석 같은 삶의 인연을 회상하자
더 늦기 전에 고마워하자

외로운 인생길에
벗이 되어 준
고마운 이를

늙음을 위하여

새벽을 울리는 전화벨 소리
우선 발신자가 누구인지 확인되면
혹시나 하는 두려움은 일단 한숨을 돌린다

피할 수 없는 시간은
늙음이라는 불청객을 항상
동반하고 있다

많은 이들이 당신의 주변을
둘러싸고 있다고 한들
당신은 당신만의 시간에
매여 있는 외로운 존재이고
당신 곁에 있는 삶의 동반자도
흐르는 시간으로 홀로 늙어가는
역시 외로운 존재이다

젊었을 때는 육체와 사랑으로
삶의 여백을 메꾸어 갔지만

이제 늙어 버린
당신 반려자의 마음 여백은
하염없이 넓어져 가고
두 귀는 더욱더 외로움으로 좁아져 있다

늙어가는 두 생명체에게
가장 필요한 것은 과연 무엇일까

반려자의 늙어가는 육체가
맑고 밝게 정신을 잃어버리지 않도록 해주는
반려자가 좋아하고 필요로 하고
듣고 싶어 하며 하고 싶어 하는
모든 것을 위하여
생각에 생각을 노력에 노력을
거듭하여야 할 것을

늙어가는 삶의 동지를 위하여
다시 돌이킬 수 없는 시간을 위하여

전선을 향하여

출근과 등교시간이
겹치는 도로는 붐비고
차량의 무리들은
조심스럽게 경쟁하듯 움직인다

차종도 색상도 제각각
양보하는 차량
경적을 울리는 차량
직진하는 차량
좌회전하거나 우회전 하는 차량
동서남북을 향하는 길고 긴 행열
아침시간은 흐름을 재촉하고
흐름으로 아침시간을 헤아린다

누가 전우이며
누가 적이랴
아침을 열며
동일한 시간 위를 달리는

삶에의 전우여

그대는 누구를 위하여

아침을 달리고 있나

마음의 다리

끊어진 다리를 잇는 건
끊긴 마음보다는 훨씬 쉽다

그건
이미 잃어버린 사랑을 되찾고
이미 멈춘 시간을 되살리며
부서진 희망과 믿음을
소생시키는 것이기에

마음을 잇는 건
누군가 이 세상에서
꼭 해야 할 일이 무엇이냐고 묻는다면
그 건 이 세상을 떠나기 전
끊어진 마음을 잇는 것이다,라고

그건 이미 주검이 된 삶을
다시 살리는 것이기에

장미꽃 주름

긴긴 삶을 살아온
여인의 두 손
열 손가락 마디마디에
장미꽃이 새겨진다

여인의 손등은 주름투성이
긴긴 세월 동안
밤낮을 가리지 않고
사랑을 섬기더니
열 손가락 마디마디에
장미꽃 피어나고

여인의 두 손
열 손가락 마디마디에
피어나는 향기로운
장미꽃 열 송이

아쉬움

구름처럼 만났다
바람처럼 작별한 친구여

수년 만에 만난 모습과 반가움은
아직도 그대로인데
해질녘
작별의 아쉬움은
석양빛으로 짙게 물들고

서로 건강하고
다시 만나려는
마음이 넘칠 때면
우리의 소망
어느 날 갑자기
다시 다가오겠지

우리의 소망이
열절 할 때에

영혼靈魂의 꽃

날이면 날마다
아파트 승강기에서 건네받는
그녀의 맑은 미소
이웃의 하루를 밝혀주는 귀한 선물

하느님 모셨던 모태에서
봉오리 맺은 꽃송이일까
좁은 공간에서 건네지는 미소
모습 모습이 어쩌면 날마다
저토록 같을 수 있을까

만날 때마다 얼굴 가득히 피어나는
그녀의 미소
아름다움이 짙다 못해 신비스럽기도

오늘 승강기에서 다시 마주한 미소
무구無垢한 영혼이 틔운
한 떨기 하얀 백합화

인수분해

꿈과 현실은
항상 비슷한 질량일 뿐

꿈길을 헤매다
그리운 분 만나면 기뻐하고
만남의 기쁨은 잠시일 뿐
그리운 분 멀리 떠나가네

현실은 꿈을 초청하고
꿈은 현실을 배웅하는 것이라지만
너무나 허무한 공식

낮 동안 그리운 분
그리워 애태우다 밤에는 잠들어
용케도 그리움을 만나고
잠시 기뻐하다가
꿈은 현실에게
작별의 손을 내밀지만

현실은 언제나

비슷한 크기의 꿈과

맞닿아 있다네

욕망의 모습

가시덤불로 유혹하는
부질없는 욕망이여

어느 날
너의 모습은
거역할 수 없는
아름다움이었지

가장 향기롭고
예쁜 색의 꽃송이로
나의 텅 빈 영혼에 다가왔지

헛된 기다림에 지치고
깊이 상처받은
가엾은 한 영혼
비로소
구원의 밝은 빛을 향하여
두 손을 모아보네

목마름

삶이란 갈증의 연속

떨쳐 버릴 수 없는 갈증
무엇을 마셔야 할 건지

갈증의 실체를 모른다면
그 목마름은 해소할 길 없는
삶의 멍에

끝없이 방황하며
기다리면
갈증만 증폭되고

차라리
두 눈을 감아 보자

갈증의 실체가
무지개로 떠있나

기다림

사람은 사는 동안
무엇인가 기다리며 살지요

기다림의 대상이 사람이든 물질이든
기다림 속에는
언제나 희망이 숨 쉬고 있지요

삶이란 기다림의 연속
하나의 기다림이 끝나도
또 다른 기다림은 다가오며
사람은 저마다
삶의 끝자락까지
기다림의 끈을 놓지 않아요

기다림은 일생을 풍요하고
메마르지 않게 적시는
영혼의 샘물이며 소망이지요

사랑의 길

사랑은
기도라
합니다

사랑은
행동이라
합니다

기도하며
실천하고

행동하며
기도하는

그리스도인의 길
사랑의 길

문운이란

문운이 있기는 한 거야?
그냥 인사치레 말로
생각해야 할까

하기야 글 쓰는 이들은
꿈을 꾸거나
꿈을 좇고 있으니까
홀로 가는 고독하고 외로운 이들이니까
위로하는 말로는
부족함이 없겠지요

문운이란
멀고 먼 들녘 길
보라 빛 나래로
폴폴 날고 있는
작은 나비 한 마리

가을이 깊어가는 심산

벼랑 끝에 매달린
빨간 단풍잎일 거야

문운이란
잠 못 이루는 깊은 밤
고독한 영혼을 비춰 주는
광채일 거야

몸치의 일탈

몸치면 어떠하리
음파에 실린
경쾌한 리듬 따라
몸을 흔든다

아무도 없는
주차한 차 안에서
손과 몸을 흔들며
리듬 따라 엉덩이도 들썩인다

경쾌한 백그라운드 선율 싣고
'당신은 나의 가슴, 나의 영혼'
팝송 가사가 울려 퍼지고

신나는 리듬 따라
엉덩이도 들썩들썩
마음도 들썩들썩

모든 상념 다 접어두고

엉덩이도 들썩들썩

마음도 들썩들썩

다른 시간

행복의 순간은

너무나 빨리 지나가고,

기쁨의 시간도

채운彩雲처럼 어느덧 사라진다

그러나 고통의 순간은

너무나 길고

슬픔의 시간도

너무나 더디다

두 상반된

속도감의 비교

아무런 의미가 없을까

동일한 시간대 속의 삶일지라도

서로 속도가 다른

순간으로 이어지고 있는

삶의 숙명을 부정할 수 있는가

빨리 가버리는 시간

더디게 가는 것만 같은 시간

인간은

삶이란 동일한 시간대 안에서

서로 속도감이 다른

삶을 살고 있을 뿐

행복의 시간은 너무나 짧고

슬픔의 시간은 너무나 길다

치과 위생사의 온기

성인의 치아는
사랑니를 제외하면 모두 28개

노인의 남아 있는 치아는
치의가 보기로는
수명을 다 한 상태

음식을 씹고 말을 하며
미소를 짓는 데
긴요한 치아의 역할

최소한 열두 개 이상의
임플란트 식립이 필요하단다.

치의는 최소한 4개월 이상의
치료를 진단하고
뼈에 메탈을 심은 후
세부적인 치료는

주로 40대의 치과위생사 역할이다

노인의 치아를 들여다보며
1시간 이상을 갓난아이 돌보듯
노인에게 정성을 다하는 치과위생사

고무장갑을 양손에 낀
간호위생사의 손가락의 온기
노인의 볼에 전달되고
무더운 여름철임에도
그 정성은 더위를 잊게 한다

사랑의 미소

지나 간 옛길을 뒤돌아보면
빛처럼 다가오는 그리운 모습

삶의 인연으로 가슴에 새겨진
결코 잊을 수 없는
그리운 모습

무엇보다
잊을 수 없는 눈 길
고요한 미소
사랑의 눈길

축복의 순간

보이지 않는 길이 있다
예측할 수 없는 운명이 있다
인간의 의지와는 관련이 없는
살다 보면 그런 깨달음의 순간은
어느 순간 꼭 오고야 만다

그대 영혼에
그대 눈동자에
하늘빛이
파란 하늘빛이
스며들 때
비로소

책 속의 여인

생전 처음 해보는 자유여행
일본의 기타큐슈 오이타역에서 승차하니
여행객의 가슴은 설레고

북쪽으로 가는 일본의 보통열차
예전에 우리가 탔던 완행열차와 별반 다를 게 없고
대체로 학생과 직장인을 태운 기차
전봇대와 가옥들
일본의 들녘 풍광을 서서히 변화시키며
오래전 가을걷이 끝난
우리 들녘과 묘하게 겹쳐진다

기차가 정차한 가을햇볕 찬란한 작은 역
두꺼운 책 한 권 달랑 손에 들고 승차한 안경 쓴 여인
책을 읽고 있는 여인의 모습이
대각선 좌석에 앉아 있는 여행객의 시선에 다가선다
느린 기차가 오카타 역 플랫폼에 정지하자
그 여인은 객차 좌측 문으로

여행객은 우측 문으로 플랫폼에 내려오니
철도원 하나 없는 역 출구가 낯설다

역사 광장에 나선 여행객
책을 든 여인은 어디로 가버렸나
가을바람처럼 시야에서 사라지고

차창을 등진 한 줄의 긴 나무의자에서
책을 읽던 여인 어디로 사라졌나
하라지리 폭포수 스친 광야의 바람 따라
허공으로 날라 갔나
책을 든 여인도
책도
모두 어디론가 사라져 버리고

모든 게 상상想像이었나

7부

피아타

피아타

차가운 돌덩이에
새겨질 리 없는 인간의 마음
피아타에 심어진
어머니의 모습
천상의 응답인지요
저토록 차가운 대리석
아드님 잃은 어머니의 슬픔
하느님 사랑으로 새겼을까

아버님 뜻 다 이루시고
어머니 품에 안겨 있는 아드님
어머니의 침묵은
어떤 침묵인지요
누가 좀 대답해 주시겠어요

이 세상 모든 어머니와
똑같은 아픔으로 낳은 아드님
말없이 어머니의 넓디넓은 품에

안겨 있고

피아타여
순례객의 기도 소리
아드님께 전구하는 거룩하신 어머니여
이 세상 모두를 기억해 주소서

결실을 위하여

세상의 남편과 아내는
참된 결합을 위하여
사랑의 결실을 위하여
결합 전 기도를
올리면 얼마나 좋을까

세상 부부는 혼인성사로
부부의 모든 관계는
축복받았다고 생각하지만

특히 부부의 관계가 이루어질 때
잠시 한순간만이라도
사랑의 결실을 위한
기도를 드리면
얼마나 좋을까?

그리하면 사랑의 결실은
더욱 사랑스럽지 않을까

마음의 사진기

사진을 찍어라
하늘 사진을 찍어라
동트는 아침부터 해질녘까지
틈이 있든 없든
마음의 사진기로
하늘을 찍어라
그러다 보면
큰 바위 얼굴 닮은
마음의 하늘이 열릴 거야

주기도문 언약

'저희에게 잘못한 이를 저희가 용서하오니 저희 죄
를 용서하시고'

내가 날마다 드리는 기도문에는
모든 은혜를 향하여
아주 작은 나의 언약이 담겨있다

오늘 기도문을 암송하다가
문득 자신에게 자문해 본다
과연 나는 잘못한 이를 위하여
어떤 모습일지라도
용서한 적은 있는가
기도문의 언약과 같이

살면서 받아온 사랑과 용서는
헤아릴 수 없이 많기도 한데
사랑하는 마음도 없이
다른 이들에게

비정한 판단을 내리는
내 가여운 인성이여

나의 언약은
날마다 읊조리는 기도문에 담기지만
단 한 번이라도
사랑하는 마음으로
다른 이들을
용서한 적은 있었던가

이 큰 잘못을 어찌하나
살아있는 동안
이 죄를 용서받을 수 있을까

잃어버린 기회

뉴욕의 맨해튼 오차드가
대를 잇고 있는
커튼 도매상가 어린 사장 다윗은
할아버지, 아버지 안부를 묻는
이멜을 수취한 후
시간은 사람을 기다리지 않는다는
답신을 보내왔다

도움이 절실했던 소녀를 지나치면서
톨스토이는 생각했었지
'돌아오는 길에 도와줘야지'
톨스토이가 그 소녀를 다시 찾아갔을 때는
이미 그 소녀는 이승을 떠난 이후였지.

우린 가끔 사랑할 기회와
회개할 기회를 미루면서
살아가고 있지

기회의 시각이 지나기 전에
회개할 기회와 사랑할 기회를
잠시라도 미루지 말고
바로 회개하고
사랑해야지
그 기회를 잃어버리기 전에

사랑할 기회와 회개할 기회는
사람을 기다려 주지 않는다
사랑해야 할 이의 시간과
사랑받아야 할 사람의 시간은
서로 다르기 때문에

인연을 위하여

사랑하는 어머님!
오늘 바치는 기도는
받은 사랑을 위하여
감사와 사랑의 기도임을
이미 아시고 계실 어머님

어머님께 드리는 저의 기도는
언제나 삶의 인연이
중심을 이루고 있지요

이미 하늘나라로 가신
모든 인연을 위하여
아직도 같은 하늘을 바라보며
사랑을 나누고 있는
가족과 이웃님을 위하여도

모두 쉰여덟의 봉헌초를 준비하였지요

파란색, 노란색, 분홍색, 빨간색, 초록색, 하얀색 초를
각각 열 개씩 선택하여 어머님께 드리며
심지 하나하나에 불을 밝히면서
장미 꽃다발을 바쳤지요

사랑하는 어머님!
어머님이 이미 아시고 계시지만
오늘 드리는 기도는
로마나 자매님의 도움이 정말 컸습니다

그래도 기억력의 한계를 보완하기 위하여
초 두 개를 더 봉헌하였지요

오늘 기도로 감사하는 간절한 마음이
어머님께 전달되고
예수님께도 전달되게 하여 주소서

어느 불문학자 신앙

오랫동안 영세를 받지 않고
성당 성가대의 베이스 멤버로 봉사했던 그는
불문학을 전공한 달변가였는데
이제는 팔순이 넘은 나이로
야산에서 목동 일을 하고 있다

약 4천 평이 넘는 야산에서
오랫동안 소와 말을 기르며 살고 있다는
담담한 그의 목소리엔
친구를 떠나보낸 추모의 사랑이 깔려 있고

마소의 생각을 헤아릴 수 있도록
체험을 설명하는 자상한 그의 인성
안 타겠다고 절대로 갈 수 없다며
몸부림치는 소를
이별의 트럭에 실어 보낼 때
마지막 가는 길이란 걸
알고 있는 소의 모습

끝내 눈물을 보였다는 소의 커다란 눈

오늘 거의 2년의 침묵을 깬 이유는
젊은 날 성당 성가대 멤버로
함께 봉사했던 토마스 형제님이
이민지인 캐나다에서 소천하셨다는
슬픈 소식 때문이다

젊은 날
언제나 함께였던 토마스 형제님을
떠나보낸 슬픈 내 마음처럼
그의 마음도 슬픔으로 가득하였으리라

주님
토마스를 주님 품 안에서 안식을 누리도록
부디 허락하소서

산티아고 순례길

오리선Orrison 산장의
목가적 풍광

그 하늘 아래
순례의 무수한 발자취는 이어지고

푸른 하늘의 새털구름

순례길 들녘에 핀 야생화

초원의 풀을 먹고 있는
토실토실한 영양들

오리손 편의점에서
휴식에 잠겨 있는
순례객들의 모습

산등성이를 따라

길게 뻗어나간 오솔길

순례자의 길
산등성의 좁은 오솔길
모든 길은 푸른 하늘에 닿아있다

눈과 귀를 열어 주소서

조용히
아주 조용히 눈을 감습니다

뙤약볕에 서 있는 오동나무
정원에 핀 장미꽃을 바라보다가
눈을 감습니다

눈을 감는 제 소망은
침묵에 잠겨있지요
나무 잎새의 가녀린 숨결도
전혀 들리지 않습니다

다시 시간을 되돌려 주시면
새싹 틔우는 아픔의 순간을
들을 수 있으려나
꽃망울 여는
꽃잎의 목소리 들려오려나

두 눈을 감고 있는 제 소망을
위로해 주소서

열려있으나 듣지 못하는
가엾은 제 두 귀를 여시고
제발 듣게 하여 주소서

기도

낙엽이 북풍으로 나부끼는
겨울 고속도로 벗어나
남한산성 순교성지성당으로 가는 국도
길섶에 쌓여 있는 첫눈
남한산성 찬바람을 맞고 계신
성모님을 찾아갔다

고통과 불안의 늪에 빠져있는
암브로시오 형제 부부를 위하여
거룩하신 어머님께 기도드리기 위하여
순교성지성당을 찾아
성모님께 파란 초를 밝힌 후
간절한 기도를 바치고 있다

가끔 부부는 똑같은 생각을 할 때가 있다

성모님께 암브로시오 부부를 위하여
기도드려야겠다는 생각을 하고 있었는데,

오늘 아침 아내의 제안이 그 실행을 앞당겼다

기도는 사위四圍가 모두 암흑에 잠겨
한 줄기 빛도 보이지 않을 때
인간이 할 수 있는 최선의 선택이다.

그 기도가 허락될지 여부는
절대자의 영역이다.

나는 사랑하는 어머님을 통하여
기도를 드린다

지금도 남한산성 순교성지
성모님 곁 초 봉헌대에는
하늘색 파란 초의 심지가
밝게 타오르고 있겠지.

행복을 찾아서

주님은 항상
우리를 기다리고 계십니다

마음이 주님을
잊어버리는 순간일지라도

우리의 자리를 예비하고 계신
자비의 품

기쁨은 오로지
주님의 품에서 샘솟고

지치고 병든 육신이
힘찬 발걸음 내디딜 수 있음은
발길이 주님을 향하고 있기 때뿐

오 기쁨이여
오 참 행복이여

주님의 그윽한 품이여
오늘
주님의 사랑을 찾아서
이 새벽길 가옵니다.

인도하여 주소서

주님
주님이 함께 하시는
기쁨에 동참하는 은총을
허락하여 주소서

주님
당신께서 아파하시는 고통을
함께 느끼고, 동참할 수 있도록
저를 인도해 주소서

주님
주님께서 준비하여 두신 길
지나치거나 외면하지 않도록
인도하여 주소서

주님
주님의 은총 하심이 아니면
저는 가야 할 길을

잃어버릴 것이 명백하오니

주님의 은총으로

주님께서 기뻐하시는 길로

갈 수 있도록

인도하여 주시옵소서

숙명적 인도引導

– 장미목薔薇木 묵주

안개 짙은 골목길
일본 건축양식의 목조건물
바로 옆 작은 기와집
한 여인이 노래를 부르며
눈이 큰 어린 아들과 살고 있다

큰 방 경대 위에는
화장품 병이 몇 개 진열되어 있고
화장대 거울 앞에는
장미나무로 만든 묵주 하나
이웃이 처음 만난 예수님 십자가

기도하는 집으로 알려진 작은 기와집
아들과 단둘이 살고 있는
키가 작은 여인
이웃이 알고 있는 여동생과 남편이
욕망의 짐승이 되었다는 얘기

침묵의 기도 소리
읊조리는 애잔한 모습
여인의 가슴이 보듬었던 인고의 세월

장미꽃 피운 5월의 저녁
정든 세월 저편
이웃의 발자취 더듬으며
성모님 앞에 촛불 켜놓고
두 손을 모은다

설경

친구여
우리가 만나는 설경은 주로 겨울에
순백으로 끝없이 펼쳐진
땅 위의 설원이리라
우리가 알고 있는 설원은
땅 위에만 존재하는 것일까?
대기층에도
하얀 순백의 눈길은
종국에는
파란 하늘에 이어져 있다네
창조의 신비가 아닐까?
만약 우리의 육신이 높은 하늘을 날고 있다면
우리의 시선 아래로 하얀 구름 설원
끝없이 펼쳐져 있다네
하늘 위 높은 산, 낮은 동산
계곡, 평원, 산야, 수목들이
하얀 눈 속에 잠겨있는 설경은
하느님의 인간에게 준 선물

순례자의 길

물길

바닷길

하늘길

멀고 먼 길

순례의 길

먼 길 가다 보면

어느새 해지고 어두워

아직도 갈 길은 멀기만 한데

돌아갈 길은 없다

동서남북 사방은

모두 길로 열려 있으나

당신이 돌아갈 길은 없고

내가 돌아갈 길도 없다

오직 순례의 길이

열려 있을 뿐

우리 신부님

나는 신부님의 영혼을
좋아합니다
신부님의 강론은 간결하고
경험론적입니다

아프리카에서
여러 해 선교를 하신 후
지금은 한국 성당에서
부주임 신부님으로
하느님의 말씀을 들려주십니다
그분의 강론은 젊고
영혼을 살찌우는
희망을 담고 있지요

지난 일요일 강론은
아프리카의 원주민의 선물 얘기를
들려주셨지요
현지 주민 모두가

정수되지 않은 더러운 물을 마시는데
어느 일요일 아침
어떻게 어디서 구했는지 알 수 없는
생수 한 병 선물 받아
수년이 지난 오늘에도
그들의 깊은 사랑과 정성에
감사하는 영혼 보여 주신 신부님!
그 감동의 물결
신자들의 영혼으로 이어지고

신부님의 말씀대로
우린 가장 귀한 것을 보기 위하여
아름다운 미래를 보기 위하여
잠시 눈을 감습니다.
가장 귀한 소리를 듣기 위하여
잠시 귀를 닫습니다.

아프리카의 영혼 얘기를 듣기 위하여

순례의 날

단 하나뿐인 목숨
배교로 회유하나
태형의 마지막 순간 하늘을 우러른 고백
'천만번 죽을지라도 저 십자 형틀에 묶이신 분을 배
반할 수 없소'
그렇게 하느님 곁으로 가셨다네

오늘 청명한 5월
이팝나무 꽃 하얗게 덮인
오솔길 오가는 순례자의 발길
그윽한 성체성가
화음 이룬 숲속 뻐꾸기
뻐~꾹 뻐~꾹
그 곁으로 아름드리 참오동나무
보라색 예쁜 꽃잎
바람결 타고 꽃비로 축복하네

미사 후

신앙의 선조 묘지 앞에 모인 순례자들
두 손을 모으며 명복을 빈다

축복의 날을 아쉬워하며
이팝나무 꽃 오솔길 밟는 순례자
두 볼에는
감사와 기쁨의 눈물 흐르네

어떤 부활

세례를 베푸셨던 베드로 신부님 모습

멀리 임진강 줄기가 내려다보이는 들녘이
능선으로 이어진 장미동산
오솔길 성모상의 미소가 가득하고
곁으로 키가 큰 은사시나무 잎새는
살랑 부는 바람에도 하늘에 나부꼈다

오랜 세월 동서를 배회하며
아름다운 기억도 모두 다 잊어버린
가엾은 아들
한때는 감동했던
둘째 아들 방탕아의 귀가 말씀

봄 어느 날 귀갓길
도심의 성당을 지나칠 때
어머니의 가득한 미소
남자의 발길을 멈추게 하고

오늘이 바로 부활절 성토요일
부활절 잊어버린 가엾은 죄인을
거룩한 성전으로 불러주신 님의 크신 사랑

그날 길고 긴 고백은 시작도 눈물
마침도 눈물로 이어지고
고해소는 참회의 눈물로
새 생명의 샘물로 넘쳐났다

오랜 세월을 기다려 주셨던 님은
부활하신 날에
남자를 불러 주셨다는 사실조차도
다음날 일요일 미사 중에
비로소 알게 되고

크시고 깊은 사랑
어찌 잊으리오

계시

그리스도인은
일생 동안 예기치 못했던 상황을
가슴으로 받아들이는 경우를
여러 차례 만난다

하느님을 따르며 성직에 생활하는 분들도
이를 두고 계시라고 믿기도 하고
자신이 날이면 날마다 의지하며
성직에 몸담고 신앙생활을 하시는 분들마저도
예기지 못했던 상황을 만나면
하느님의 존재를 새삼스럽게 느끼는 것처럼
말할 때가 있다

현재 생존한 사람 중 누구도
하느님을 눈으로 뵌 사람도 없고
오직 성경의 말씀과 신심으로만
하느님의 존재를 만나고 있기 때문이리라

만약 성령님의 도우심이 없다면
사는 동안 하느님의 모습을
전혀 만날 수 없으리라

새롭고 체험하지 못한 상황에서
하느님의 현존하심을 계시받는 은총의 순간을
기도하는 삶이 되게 하소서

마지막 기도

겟세마네 동산에서 예수님이
마지막 기도하시는 모습을 떠올리며
미래의 삶을 위하여
신앙의 길을 기도하게 하소서

내가 가장 싫어하는 무엇을
내가 제일 불편해하는 무엇을
예수님을 생각하며 선택하며 행동하게 하소서

신앙인의 처음과 마지막 소망은
하느님 나라에서
하느님과 더불어
영원한 삶을 허락받는 것이리라

감람산 기슭 겟세마네 동산
예수님의 마지막 기도의 음성을 듣고
순명하시는 행동을 따르는
은총을 허락하여 주소서

사랑하는 신부님

내가 사랑했던 신부님은
그레고리안 성가를
내게 처음으로 들려주신 분

신부님이 들려주신 그레고리안 성가는
신심을 주님께 바치는 영혼의 노랫소리

신부님의 꾸밈없는 목소리는
하느님에의 사랑을 영혼으로 읊조리는
사랑의 노래

그레고리안 성가를 들을 때마다
변함없이 떠오르는
미소 띤 신부님의 얼굴
하느님의 부르심을 받고
하늘나라로 먼저 가신 분
사랑하는 신부님

세바스찬 수녀님

지금까지 세바스찬 수녀님이
생존해 계신지는 알 수가 없다

십수 년 전에 수소문하였을 때
은퇴하신 수녀님이 성남의 수도원에
계신다는 사실을 알고
찾아뵌다는 전화를 드렸으나
그 약속은
빈말이 되고 말았다

수녀님
사람 구실을 못한 저의 잘못을
용서해 주세요

만약
수녀님께서 멀리 떠나셨을지라도
제발 저의 빈말을
저의 매정함도

모두 용서해 주세요

주님!
세바스찬 수녀님께
은총을 내려 주소서!

인도해 주소서

하루하루 죽음을 향하여
달려가고 있는 습관을
멈추게 하여 주소서

누구나 걸어가고 있는
죽음의 행로에서
발길을 멈추게 하시고
하루의 여명을
삶에의 기도로 맞이하는
새로운 여정으로
저를 인도해 주소서

죽음으로 향한 긴긴 행렬에서
저를 구원하시어
삶에의 길로 인도해 주소서

센토사sentosa 카페

바다가 전망으로 확 트인
센토사의 작은 카페
꽃 언덕flowerhill의 조촐한 아침식사

널리 알려진 카펠라capella와는
전혀 다른 분위기
자유롭고 평화로운 아담한 카페
손자들의 웃음꽃이 피어나고

아내는 남편에게
둘만 소통하는 몸짓으로
무언의 기쁨을 나타낸다

한줄기 시원한 바닷바람
꽃 언덕 카페 정원에 핀
보라빛 라일락 꽃잎을 춤추게 한다

G단조 아다지오

오래오래 전
엄마의 뱃속에서 익숙한 멜로디
그래요
사단조 아다지오를 들을 때면
영혼이 절로 화음을 보탠다

라라 파비안은
깊이와 넓이를 알 수 없는
감성의 음성으로
누구나 공감할 수 있는
사랑의 목소리로
알비노니가 숨겨 놓은
사단조 아다지오의 영혼을 불러낸다

그래요
엄마의 뱃속에서
이 세상 오면서 익숙했던 멜로디
'아다지오'여

무수한 축복

가을이 깊어가는
시월의 마지막 날

은행나무 가로수 길
한 그루 한 그루
아름드리 은행나무 가지마다
무수한 노란 잎새

과연 은행나무 노란 잎새는
몇 개나 될까
저렇게 무수한 축복은
어디서 내렸을까

아마도
사람이 일생 동안 받는 축복은
은행나무 가지에 달린
노란 잎새의 축복보다 더욱 풍성하리

나의 어머님

사랑이신 주님!
주님의 어머니를 언제라도
저의 어머니라고 부르며
지친 마음을 안길 수 있도록
사랑을 베푸신 주님의 큰 은혜
어찌 잊을 수 있으리오

제가 슬픔과 고통에 잠겨 있을 때
주님을 바로 찾기보다는
어머니에게 장미꽃 한 송이 드리며
기도하는 죄인의 모습

그러한 수많은 날들을 바라보시며
제 고통과 슬픔을 위로하셨지요
주님의 어머니이신
나의 어머니
이 세상 모든 이의 어머니이신
주님의 어머니를

어머니라 부르며

그 넓고 넓은 위로의 품에

안깁니다.

고백

주님!
오늘 또다시 무너졌습니다

한 부부가 백화점 지하 식당에서
점심으로 고등어구이를 먹고 있었지요

그때 지하 식당 통로를 지나치는 노인이
"그거 맛있어요? 얼마예요?"
남자에게 미소 띤 표정으로 물어봤고

점심을 먹고 있는 남자는 예의를 갖추고
친절히 대답하였지요

부부는 고등어구이 가시를 발라가며
점심을 이어가고 있는데
아내가 남편에게
"그 할아버지 고등어구이 주문도 하지 않고 그냥 가
신 것 같아요"라고, 알려주었다

남편은 카운터를 등지고 있어서
등 뒤에서 전개되는 상황을 알 수 없었는데,
아내가 남편에게 알려 주었을 때는
그 할아버지는 그들의 시야에서 벗어나있었다

남편은 먹던 점심을 중단하고
그 할아버지를 찾아 지하 식당을 돌아보았으나
할아버지를 찾을 수 없었다

묘하게 두 달 전에도
어떤 할머니가 남편에게 같은 질문을 하였는데
그때는 친절한 답변조차도 못 해 드렸는데
그래도 이 번에는 다시 그런 잘못만은
반복하지는 않았지요

그런데 남편은 자신이 부끄러웠습니다.
해야 할 일을 실천하지 않고
주변만을 배회하는 자신을

뒤늦게 발견하였지요

남편은 오늘 다시
무너진 자신을 바라보면서
간절히 다짐합니다.

다시 한번 그런 기회가 오면
그때는 망설이지 않고
그분과 함께 나누겠다고

어디선가

어디선가 형제님을 부르는 목소리
듣고 계시나 봐요?

형제님을 생각하는 때에 주신 문자
마치 모습 뵌 듯 반갑네요.

그동안 모두 건강하시고
화목하시리라 믿습니다.

찾아 주시는 목소리
오래도록 듣고 싶네요

이만형 라르고

경남 밀양 삼문동에서 태어났고, 성대 무역대학원을 마친 후, 해운 주식회사에서 일하였다. 무역상사의 해외 현지 법인인 뉴욕 지점의 지점장으로 일하였고, 성수대교 붕괴 직후 외교통상부 최경보 대사, 주한 미대사관 상무관 '와잇 갤러' 등의 협조로 한국에 최초로 미국의 교량 진단회사(Bridge Diagnostics, Inc.)의 선진진단기법 및 건축물 진단 기법을 도입하는 전기를 제공하였다. 미국 광산공동충전(鑛山空洞充塡) 전문회사 '굿선 앤 어소시에잇스(Goodson and Associates, Inc.)'사를 초빙하여 한국 고속철도 구간으로 설계된 삼보광산 지하공동 현장조사 및 위험성에 대한 프레젠테이션을 실시하였다. 미래 기업인 미국 친환경비료 제조회사 '아그리그로 마케팅(Agri-Gro Marketing, Inc.)'사의 아시아 지역 공급 에이전트로 일하였다.

공릉동성당, 태릉성당 생활영어강좌(12년), 종로산업정보학교 주민을 위한 영어회화 강좌(제1기~제4기) 등 봉사활동을 했다.

국제PEN클럽 한국본부, 한국가톨릭문인협회 회원이다.

시집 『하늘빛이 고운 날』 『하늘빛 사랑』 등이 있다.

rotender@hanmail.net